AF356771

NOTICE

SUR

M. Pierre-Nicolas DANJOU

Officier de la Légion-d'Honneur,
Président honoraire du Tribunal civil de Beauvais,
ancien Membre du Conseil général de l'Oise et du Conseil
municipal de Beauvais,
Président de la Société Académique de l'Oise,
Membre du Bureau d'administration du Collège de Beauvais,
ancien Membre de la Commission de surveillance
des Cours normaux de l'Oise.

PAR

L.-E. DELADREUE,

Curé de Saint-Paul,

Membre correspondant du Ministère de l'Instruction publique,
Membre de la Société des Antiquaires de Picardie
et de la Société Académique de l'Oise, etc.

BEAUVAIS

Typographie D. PÈRE, rue Saint-Jean

1879.

NOTICE

SUR

M. Pierre-Nicolas DANJOU.

LASNIER
1879

NOTICE

SUR

M. Pierre-Nicolas DANJOU

Officier de la Légion-d'Honneur,
Président honoraire du Tribunal civil de Beauvais,
ancien Membre du Conseil général de l'Oise et du Conseil
municipal de Beauvais,
Président de la Société Académique de l'Oise,
Membre du Bureau d'administration du Collège de Beauvais,
ancien Membre de la Commission de surveillance
des Cours normaux de l'Oise.

PAR

L.-E. DELADREUE,

Curé de Saint-Paul,

Membre correspondant du Ministère de l'Instruction publique.
Membre de la Société des Antiquaires de Picardie
et de la Société Académique de l'Oise. etc

———

BEAUVAIS

Typographie D. PÈRE, rue Saint-Jean.

1879.

NOTICE

M. Pierre-Nicolas DANJOU

Officier de la Légion-d'Honneur,
Président honoraire du Tribunal civil de Beauvais,
ancien Membre du Conseil général de l'Oise et du Conseil municipal
de Beauvais,
Président de la Société Académique de l'Oise,
Membre du Bureau d'administration du Collège de Beauvais,
ancien Membre de la Commission de surveillance
des Cours normaux de l'Oise.

Les Sociétés, comme les familles, ont leurs vicissitudes, et, les unes et les autres sont exposées aux pertes les plus regrettables et aux deuils les plus douloureux. La Société Académique de l'Oise l'a éprouvé, dans ces derniers temps, d'une manière bien sensible, et elle s'en ressentira de longtemps. La mort a frappé coups sur coups; mais si elle a touché aux sommités de l'âge, elle a atteint aussi les sommités de la science : M. Danjou.

notre vénérable Président, n'est plus; M. Hamel, cet ancien magistrat si expert en acoustique et en mécanique musicale, n'est plus; M. l'abbé Questier, ce botaniste si savant et si distingué, n'est plus; M. Cotelle père, ce jurisconsulte si instruit et si judicieux, n'est plus. Ces pertes sont fort grandes, parmi elles pourtant, la plus cruelle assurément, et celle qui a laissé un plus grand vide dans nos rangs, c'est celle de M. Danjou, de notre vénéré Président. Habitués à jouir des douceurs de son caractère, à apprécier en lui et ces qualités brillantes de l'esprit et ces dons du cœur, qui concilient partout les sympathies, nous sentons que chacun de nous a perdu un ami dans le collègue et le président que nous regrettons, et que sa mort est pour notre Société un véritable deuil de famille. Nous ne répondrions ni aux sentiments que nous éprouvons tous, ni à l'attente du public, ni aux désirs de tous ceux qui l'ont connu, si nous ne rendions à sa mémoire le juste tribut d'hommage qui lui est dû. Nous ne faillirons point à cette tâche; nous l'accomplirons. Je m'incline devant la mission que la Société m'a donnée, de retracer la vie de notre honorable président. Le désir de tous est de conserver l'image la plus fidèle et la plus complète de cet homme de bien, dont la voix éteinte trouvait tant de sympathies dans nos modestes réunions. En laissant parler mes souvenirs, et plus encore ceux des respectables membres de cette Société qui l'ont le plus connu, j'espère atteindre ce but, et je serais heureux, si je parvenais à me rendre le fidèle interprète des sentiments que M. Danjou a laissé dans tous nos cœurs.

Pierre-Nicolas Danjou naquit à Beauvais le 25 août 1795, de Jean-Pierre Danjou, député à la Convention, et de Marie-Anastasie Desjardins. Son père, procureur à Beauvais quand éclata la révolution de 1790, avait embrassé avec ardeur les idées nouvelles. La supériorité de ses qualités l'avait fait nommer procureur-général syndic en 1791, et en 1793 il avait été député à Paris pour protester contre les agissements du parti de la Commune, qui s'était emparé du pouvoir par l'insurrection. Arrêté dès son arrivée, il fut écroué à la Force, où il partagea la captivité des Girondins, dont il était venu appuyer la cause. Une mort sanglante l'attendait, s'il n'eût échappé, comme par miracle, à ce péril. De retour dans ses foyers, le département

de l'Oise le nomma, en 1794, pour aller le représenter à la
Convention. Là, son amour pour le travail le porta à la présidence du comité des décrets. Il continua sa carrière législa-
lative au conseil des Cinq-Cents, et le 18 brumaire le trouva fai-
sant partie de la majorité fidèle à la constitution. La dissolution
des Cinq-Cents le renvoya dans son département. Ses talents et
son honorabilité lui valurent son élévation aux fonctions de
commissaire du gouvernement et plus tard de procureur impé-
rial près la cour criminelle de Beauvais, et il sut y acquérir une
renommée justement méritée.

L'ancien conventionnel, revenu à des idées plus modérées et
plus religieuses, tint à donner à Pierre-Nicolas, son fils, une
éducation aussi sérieuse que solide. Après lui avoir fait com-
mencer ses études dans un établissement secondaire à Beauvais (1), il l'envoya les achever à Paris, au lycée Napoléon. Le
jeune Danjou s'y distingua par de brillants succès littéraires et
s'y faisait remarquer par la bonté et la générosité d'un caractère
heureux ; aussi ses anciens condisciples, comme ses maîtres,
aimaient-ils à lui rappeler, pendant sa vie, ces temps d'autrefois.

Son père, magistrat distingué, le destinait à la même carrière
que lui et l'envoya suivre les cours de l'école de droit. Mais
voulant l'initier à la pratique des affaires, il le fit travailler en
même temps chez un avoué, chez M⁰ Paty. Après avoir pris ses
grades, son amour du sol natal le ramena à Beauvais, où il
exerça la profession d'avocat de 1816 à 1821. La France, désa-
busée des fumées de la gloire, alors se reposait, et les hommes
d'élite se livraient, avec une noble ardeur, aux travaux de l'esprit et particulièrement à la solution des problèmes économiques
qu'une longue série de guerres avait ajournés.

Parmi les nombreuses réformes mises à l'ordre du jour, celle
du système pénitentiaire tenait une des premières places et pré-
occupait vivement les esprits sérieux, ceux surtout qui avaient
le plus de rapports avec les habitants des prisons. Les geôles
étaient encore à peu près à l'état où les avait mises le moyen

---

(1) M. Pignon, ancien chanoine régulier et prieur de l'abbaye de Saint-
Quentin, de Beauvais.

âge. Les prisonniers y gisaient pour ainsi dire abandonnés, et
presque rien n'avait été tenté pour améliorer leur sort et les ra-
mener à de meilleurs sentiments. Le gouvernement paternel de
Louis XVIII s'en était inquiété, et une Société royale des Prisons
avait été fondée pour étudier les réformes à apporter à cet état
de choses. Dans chaque département, des commissions avaient
été instituées dans le même but. M. Danjou père faisait partie
de celle de Beauvais. Il s'en occupait avec autant de patriotisme
que de dévouement, et il en conférait souvent avec son fils.
L'âme ardente, religieuse et compatissante du jeune avocat
s'émut vivement de la situation faite aux malheureux détenus.
Ses rapports professionnels avec eux lui faisaient sentir tous les
jours la nécessité d'une réforme. Ses études et ses observations
convergèrent dès lors vers ce point, et en 1821 il publia sur
ce sujet un ouvrage remarquable intitulé : *Des Prisons, de leur
régime et des moyens de l'améliorer* (1). Cet ouvrage, rempli de
vues originales et toutes neuves, éminemment pratiques et
moralisatrices, fut accueilli avec applaudissements par le monde
savant, et la Société royale des Prisons le couronna dans sa
séance du 13 mars 1821, présidée par le duc d'Angoulème. Ce
succès attira l'attention et les faveurs de la cour sur le jeune
auteur et lui ouvrit l'accès de la magistrature. Le 22 avril suivant,
M. Danjou fils fut nommé juge au tribunal civil de Beauvais en
remplacement de M. Desplanques, appelé à la vice-présidence de
ce tribunal. Dans ce nouveau poste, où il rencontrait des collègues d'un rare mérite, il sut tellement se distinguer par ses
talents, ses connaissances approfondies du droit, son intégrité
et son amour de la justice, qu'il fut porté, en 1847, à la vice-
présidence du corps.

Retenu à Beauvais par un mariage selon son cœur et par son
attachement au sol natal, il ne consentit jamais à aller remplir
ailleurs, dans des tribunaux plus importants, des fonctions
plus brillantes. Dévoué à son pays, il voulut lui consacrer tout
son temps et toutes ses forces. Les loisirs laissés par ses occu-
pations judiciaires étaient employés à seconder son père dans

---

(1) Paris. A. Egron, un volume in-8° de 559 pages avec planches.

ses fonctions philantropiques et charitables d'administrateur des hospices, de membre de la commission de surveillance du collège et de membre de la commission des prisons.

Il le soutenait par ses conseils, et quand, en 1824, M. Danjou père lutta avec une énergie sans pareille contre les projets d'aliénation des biens des hospices, conçus et proposés par M. de Puymaigre, alors préfet, pour répondre aux spéculations financières de M. de Villèle, et parvint à arrêter leur exécution, son fils ne fut pas étranger à cette résistance. « Il ne faut pas laisser aliéner le bien des pauvres, lui répétait-il sans cesse, la transformation de leur valeur en rente sur l'Etat doit rapporter, dit-on, un revenu plus considérable, mais ce n'est qu'un leurre et un mauvais procédé. Dans l'avenir, ces rentes seront périodiquement sujettes à des conversions qui les diminueront considérablement. » Et ses avis ne furent pas sans succès.

Homme érudit et passionné pour l'étude, il portait le plus vif intérêt à l'instruction de la jeunesse et s'en occupait en toutes circonstances. Aussi, Mgr de Lesquen n'hésita pas à l'appeler pour faire partie, en 1824, du conseil d'éducation de l'arrondissement de Beauvais, créé par lui pour surveiller les écoles primaires, et il y remplit les fonctions de secrétaire.

Mgr Feutrier avait aussi M. Danjou en grande considération. Souvent il l'invitait à venir prendre part aux petites conférences du palais épiscopal; il aimait à s'entretenir avec lui et a lui laisser voir toute son estime. En 1826, ce prélat avait résolu de former un conseil spécialement chargé de proposer tout ce qui pourrait contribuer à la prospérite et à l'agrandissement des divers établissements ecclésiastiques du diocèse, et il tenait à s'entourer, comme il le disait lui-même dans une lettre, de personnes d'une grande sagesse et d'une longue expérience, capables de seconder ses vues et de l'éclairer de leurs lumières..... Et M. Danjou fut l'une des premières qu'il choisit, tant il avait confiance en sa science et en ses sentiments religieux.

La ville de Beauvais avait su tout aussi bien apprécier la valeur et les qualités de M. Danjou. Dès 1825, elle l'avait appelé à faire partie du conseil municipal. Je ne dirai rien de tout ce qu'il a fait pendant les quarante-cinq ans qu'il a rempli ce mandat. Tout le monde connait l'activité, le dévouement et le désintéressement qu'il déployait en toutes circonstances pour défendre les intérêts de ses concitoyens, améliorer la situation de la ville et la doter des institutions, des monuments et des moyens de communication, routes et chemins de fer, les plus propres à favoriser son industrie, son commerce et sa prospérité. Aussi, n'est-on pas étonné de voir la population reconnaissante l'élire pour la dixième fois conseiller municipal, le 28 août 1865.

Représentant du canton sud-ouest de Beauvais au conseil général de l'Oise pendant trente et un ans (de 1839 à 1870), il prit la part la plus active aux délibérations de cette assemblée, et la droiture de son caractère et son expérience des hommes et des choses ne tardèrent pas à lui assurer une grande et légitime autorité. Les comptes-rendus des séances sont là (1) pour attester la sagesse de ses avis et de ses observations et le grand état que ses collègues en faisaient. Son influence valut au tribunal, au corps dont il faisait si brillamment partie, sa belle installation, en 1843, dans le palais de l'ancien évêché; et c'est bien aussi à lui et à ses demandes réitérées que ce splendide logement des évêques-comtes de Beauvais doit ses restaurations si bien comprises et son aménagement si confortablement distribué.

Son amour de la justice et de la vérité était si connu qu'il passait partout pour l'homme intègre par excellence, pour le défenseur et le protecteur incorruptible de toutes les causes justes. Son attachement à la religion n'était ni moins franc, ni moins solide, et on ne le vit jamais transiger avec ses convictions religieuses. A cette époque troublée, qui précéda immédiatement 1830 ou qui le suivit, il se lança lui-même dans la mêlée pour défendre les intérêts de l'Eglise attaquée. Il écrivit dans les feuilles publiques d'alors, mais toujours avec calme et modération, ne se laissant jamais entraîner par la fougue, n'obéissant jamais à la passion. Pour n'en citer qu'une preuve, il suffit de lire ses *Réflexions sur la conduite tenue par le clergé de la cathédrale de Beauvais, à l'occasion de la mort de M. Maurice* (2). On

---

(1) Archives de l'Oise.

(2) Beauvais. Desjardins. 1832. brochure de 23 pages in 8°.

ne peut pas justifier d'une manière plus loyale ni moins passionnée.

Tant de services rendus, ses connaissances profondes en jurisprudence et vingt-six années de magistrature parfaitement remplies le désignèrent tout naturellement pour la vice-présidence du tribunal de Beauvais, en 1847, quand le respectable M. Danse fut élevé à la présidence. Un décret du 13 août lui fit cet honneur. Onze ans plus tard, en 1858, il succédait encore à M. Danse, obligé de se démettre de ses fonctions à cause de ses infirmités ; et pendant sept ans il présida les séances du tribunal. Mais la limite d'âge l'atteignant en 1865 lui fit céder, à son tour, son fauteuil à M. Gaillard.

Déchargé de ses fonctions de magistrat, sans rentrer pour cela dans l'obscurité de la vie privée, puisqu'il conservait ses mandats de conseiller général, de membre de la municipalité de Beauvais et autres, il continuait d'être le conseiller savant, juste et prudent de tous ceux qui l'approchaient, ou qui avaient recours à lui. Esprit large et éclairé, il se passionnait pour ce qui concernait le développement de l'instruction publique, et les questions d'enseignement avaient pour lui un attrait particulier. Dans sa jeunesse, Mgr de Lesquen et Mgr Feutrier avaient su l'apprécier sous ce rapport ; plus tard l'administration civile ne sut pas moins lui rendre justice. Il fut membre du conseil départemental de l'instruction publique de 1851 à 1870, du bureau d'administration du collège de 1862 à 1878, et pendant de longues années de la commission de surveillance des cours normaux.

Les successeurs de Mgr Feutrier sur le siège de Beauvais l'eurent toujours en singulière estime et le consultèrent en bien des cas. Mgr Gignoux, plus que tous les autres, avait pour lui une affection toute particulière. Et dans les dernières années, ces deux vénérables et saints vieillards aimaient à se consoler ensemble de leurs infirmités et à causer des destinées éternelles, des épreuves de l'Eglise et des malheurs des temps présents.

Dirai-je maintenant ce que fut M. Danjou comme savant, comme historien et comme archéologue. Il se faisait remarquer par son zèle et par le mérite de ses travaux dans toutes les Sociétés scientifiques auxquelles il appartenait. Dès 1839, il était membre de la Société établie par M. de Caumont pour la conservation et la description des monuments historiques de la France. Il faisait aussi partie de la Société des Antiquaires de Picardie, et les volumes des Mémoires de cette Société ont inséré plusieurs de ses travaux. Le tome V comprend *Le siège de Beauvais par le duc de Bourgogne dit le Téméraire, en l'année* 1472. Le tome VI ses *Recherches sur le style et l'ornementation des portes d'église.* Les tomes VII et VIII contiennent ses *Rapports sur les travaux du Comité archéologique de Beauvais, pendant les années* 1842, 1843, 1844.

M. Danjou avait puisé, dès sa jeunesse, un goût très-prononcé pour les recherches archéologiques dans les ruines des institutions et des monuments du temps passé, disséminées partout sur le sol de sa ville natale. Et ce goût, et ce culte, on pourrait dire, pour les choses d'autrefois avait grandi avec lui, et à ses moments de loisir, il éprouvait une véritable satisfaction à se plonger dans l'étude de ces ruines et à reconstituer leur histoire. Il est vrai qu'il trouvait alors aussi dans son entourage des hommes bien capables de l'entretenir dans cette voie : c'étaient M. Le Caron de Troussures, M. Hamel, M. Daniel, M. Dupont-White, M. Fabignon, M. de Lacroix-Vaubois, M. Le Mareschal, l'abbé Delettre, l'abbé Barraud, M. Tremblay, M. Graves, M. Delacour, notre honorable président, et bien d'autres. Aussi, en 1844, quand M. de Lacroix-Vaubois, président du tribunal, essaya de grouper en Société les amis studieux de l'archéologie et de l'histoire et fonda le Comité archéologique de Beauvais, M. Danjou s'empressa de figurer au nombre de ses premiers membres, et son activité et ses travaux lui en eurent bientôt fait donner la présidence. Ce Comité était pour ainsi dire un fractionnement de la Société des Antiquaires de Picardie et en dépendait. C'est aussi à ce titre que M. Danjou lisait, dans les séances générales de 1843 et de 1844 de cette assemblée, ses remarquables rapports sur les travaux du Comité de Beauvais (*Mémoires de la Société des Antiquaires de Picardie*, t. VII et VIII). Mais bientôt, voulant donner une existence plus indépendante au Comité et étendre le cercle de ses études, il fonda notre Société Académique et obtint sa reconnaissance par le gouvernement sous le titre de *Société Académique d'Archéologie, Sciences et Arts du département de l'Oise,* en 1847. Les membres de la nouvelle Société ne pouvaient mieux faire que de lui donner la première place parmi eux, et c'est ce qu'ils firent en le nommant président. Leurs successeurs ratifièrent ce choix, en le rappelant continuellement à la même dignité, toutes les fois que les statuts demandaient une élection. La mort seule l'a fait descendre du fauteuil présidentiel.

On sait ce que M. Danjou a été pour la Société pendant les trente et une années qu'il l'a dirigée. Les anciens parmi nous se rappellent la puissante impulsion donnée par lui à toutes les recherches, à tous les travaux de son ressort. Donnant lui-même l'exemple, que de savantes lectures ! que d'intéressantes communications n'a-t-il pas faites ! Les Mémoires de la Société ne sont-ils pas remplis de ses travaux ? Ce sont ses *Notes sur les vitraux de l'église Saint-Etienne de Beauvais* (t. I, p. 62). — *Considérations sur l'origine des cryptes d'églises* (I, p. 173-182). — *Notice sur la Procession de l'assaut à Beauvais* (I, p. 254-264). — *Notice sur M. John-Théodore Dupont-White* (I, p. 395-404). — *Rapport sur la statue de Jeanne-Hachette* (I, p. 416-424). On connait la part que notre honorable président avait prise à l'érection de cette statue. La conception du projet lui était due pour ainsi dire et il mit tout en œuvre pour l'amener à bonne fin. — *Notice sur M. Stanislas de Saint-Germain* (t. II, p. 157-165). — *Notice sur M. Charles-Auguste Van den Berghe* (II, 345-402). — *Notice sur une enseigne de pèlerinage conservée au Musée de Beauvais* (II, 410-420). — *Notice sur l'abbé Félix Maillard* (II, 599-615). — *Notice sur M. Lamothe, maire de Beauvais* (t. III, p. 1-4). — *Notice sur M. Ledicte-Duflos, président du tribunal civil de Clermont* (III, 4-16). — *Note sur quelques antiquités mérovingiennes conservées au Musée de Beauvais* (III, 16-27). — *Notice sur le vicomte Louis-François-Etienne Héricart de Thury, membre de l'Institut* (III, 190-205). — *Essai sur l'emploi des masses de verdure avec l'architecture* (III, 246-251). — *Notice sur Louis Graves, ancien secrétaire de la préfecture de l'Oise* (t. IV, p. 129-158). — *Notice sur M. Achille-Louis Gibert, ancien receveur général* (IV, 573-583). — *Notice sur M. Lequesne, maire de Beauvais* (IV, 719-734). — *Notice sur Armand-Gustave Houbigant* (t. V, p. 321-351). — *Beauvaisins. Beauvaisiens. Recherches sur le véritable nom des habitants de Beauvais* (t. VI, p. 589-600). — *Nécrologie : Le docteur Daniel. Le professeur Zoéga* (t. VIII, p. 209-216). — *Notice biographique sur l'abbé Barraud* (t. IX, p. 147-157).

Tous les membres de la Société se rappellent sa bonté, son affabilité pour tous et l'impartialité toujours calme avec laquelle il présidait ses réunions. C'était l'homme juste et droit, c'était l'homme conciliant par excellence, et l'autorité douce et paternelle, qu'il avait su conquérir sur tous, a préservé la Société des tristes divisions qui sont souvent le partage et parfois la ruine des Sociétés savantes. Il lui portait un tel intérêt, il l'affectionnait tellement, pourrait-on dire, qu'il ne voulait jamais se dispenser d'assister à ses réunions; et alors même que les infirmités l'accablaient et que ses forces l'abandonnaient, il se faisait porter jusque dans la salle de ses séances, tant il était heureux de se trouver au milieu de ses chers collègues de la Société Académique.

Après tant de services civils, judiciaires et scientifiques rendus à son pays, M. Danjou pouvait bien espérer que le gouvernement attacherait l'étoile de l'honneur sur sa poitrine. Cette marque de haute estime lui fut accordée par le prince président de la République lui-même, le 27 juin 1851, alors qu'il présidait l'inauguration de la statue de Jeanne Hachette sur la place de Beauvais. Il fut alors nommé chevalier de la Légion d'Honneur, et le 26 juin 1869 la croix d'officier fut la juste récompense de cette vie honnête et pure, de cette vie tout entière consacrée à la justice, à la science, à la charité et au dévouement sous toutes ses formes.

J'ai parlé de sa charité et de son dévouement, et ici je ne croirai rien dire de trop en affirmant qu'il les a poussés jusqu'aux dernières limites du possible. Il n'y a que les pauvres et Dieu qui sachent toutes les infortunes qu'il a soulagées, toutes les misères qu'il a secourues, tous les découragements qu'il a relevés, toutes les douleurs qu'il a consolées. Et ne l'avons nous pas vu nous-mêmes à cette époque désastreuse, pendant ce funèbre hiver de 1870, ce frêle vieillard de 75 ans prendre courageusement sa part des avanies infligées par la brutalité du vainqueur aux mandataires du département. Les Prussiens étaient les maîtres et leur préfet de Beauvais, par ordre de son empereur, avait frappé le département de l'Oise d'une indemnité de guerre de onze millions, en février 1871. Plusieurs conseillers généraux s'étaient dévoués pour aller solliciter une réduction de l'empereur d'Allemagne et ils l'avaient obtenue, mais restaient deux millions à payer et exigibles immédiatement. Ces généreux citoyens s'engagèrent aussitôt à fournir la somme, en attendant qu'une autorité française régulière put la répartir sur le département. M. Danjou était du nombre et ne voulait pas abandonner son poste malgré son grand âge. Il engagea sa signature, sa personne et ses biens pour obtenir la somme, et, en attendant le paiement, il fut, avec les autres, considéré comme otage par l'autorité allemande et gardé prisonnier dans l'Hôtel-de-Ville. Un semblable dévouement se passe de commentaire.

En 1865, la mort de Mme Danjou, de cette digne compagne, avec laquelle il avait coulé des jours si heureux, fut pour lui un coup terrible et dont il eut peine à se relever. Il avait perdu une femme d'esprit et de cœur, une femme instruite et charmante, douée des qualités les plus solides et les plus brillantes, et elle laissait après elle un vide immense et difficile à combler. M. Danjou s'en ressentit plus que personne. Pour lui, la douce vie de famille était rompue, et le dévouement sans bornes de sa famille (1), de ses amis et du personnel de sa maison, quoi qu'il fît, ne put jamais la remplacer. Sa douleur était grande, mais les principes religieux qu'il professait en toutes circonstances, avec une si édifiante et si noble franchise, le soutinrent dans cette épreuve. Il y puisa la force non pas de vivre, mais de se préparer à mourir sur les traces de celle qu'il avait tant aimée, pour aller la rejoindre dans un monde meilleur. Il vécut encore de longs jours, entouré de toute l'affection des siens, mais ses forces déclinaient à vue d'œil et rapidement; et, malgré tout, son âme, grande et forte, aimait toujours à se reporter vers les œuvres de bien public et de charité et vers notre Société qu'il affectionnait plus que jamais, s'intéressant à ses membres et encourageant encore ses travaux par sa présence à toutes ses séances. Il semble que la Providence ait voulu prolonger ses jours pour montrer jusqu'où peuvent aller, dans une âme soutenue par la religion, le renoncement et la soumission aux volontés d'en haut, et comment vit et comment meurt un

---

(1) Mme Ach. Desjardins, MM. Arthur et Albert Desjardins, M. Sébastiani, MM. Charles, Henri et Ferdinand Caron.

homme juste et bon. Il s'éteignit après une longue et douloureuse maladie, le 30 octobre 1878.

Que dirai-je encore de ce magistrat sagace et impartial, de ce citoyen passionné pour la chose publique, de ce savant si aimable, de cet homme excellent, dont le mérite et les hautes vertus étaient le modèle et l'honneur de notre Société? Que vous apprendrai-je, puis-je dire après son panégyriste le plus autorisé, après l'honorable président M. Cotelle, l'un de ses successeurs, de l'étendue de son savoir, des délicatesses de sa conscience, de sa mansuétude angélique, de ses bienfaits sans nombre, que vous ne connaissiez déjà? A qui peut-on mieux appliquer ces vers d'un poëte qu'il aimait?

> *Cui pudor et, justitiæ soror,*
> *Incorrupta fides nudaque veritas*
> *Quando alium invenient parem?*

Heureux ceux dont la mémoire se recommande par de pareils titres.